Dekorationen aus Leichtstoffplatten

Elisabeth Rath

Vorwort

Höchste Zeit, die Laubsäge an die Seite zu legen! Strahlend weiße Leichtstoffplatten sind eine attraktive Alternative. Die Platten bestehen aus einem geschäumten Kern, der von beiden Seiten mit Karton kaschiert ist. Deshalb sind sie fast so stabil wie Holz und trotzdem federleicht. Mit einem guten Cutter können sie problemlos in jede gewünschte Form geschnitten werden. Wer also Schönes herstellen möchte, das stabil sein sollte, muss jetzt nicht mehr im kalten Keller mit Sägespänen und Staub kämpfen.

Die weißen Leichtstoffplatten sind 3 mm dünn. Es gibt sie in den Formaten 50 x 35 cm oder 50 x 70 cm. Im Bastelhandel werden sie unter verschiedenen Bezeichnungen geführt, beispielsweise als Kapa fix, Crea-fix-, Depafit- oder Bastelfix-Platte.

Viel Spaß beim Basteln wünscht Ihnen

Elisabeth Rath

Danke

Vielen Dank, liebe Andrea, für deine tatkräftige Unterstützung bei diesem Buch.

Impressum:
© **2002 Bücherzauber Verlag, 41540 Dormagen**
ISBN: 3-934797-10-8   Best.-Nr.: 97108

Fotos: Peter Wirtz, Dormagen
Grafik/Zeichnungen: Daria Broda
Lithos/Layout/Satz: Marion Haustein, Dormagen
Druck: Neusser Druckerei und Verlag GmbH

Das Gesamtwerk sowie die darin abgebildeten Motive sind urheberrechtlich geschützt. Jede gewerbliche Nutzung oder Vervielfältigung der abgebildeten Entwürfe – auch auszugsweise – ist nur mit schriftlicher Genehmigung des Herausgebers gestattet. Das Gleiche gilt auch für die Verbreitung, Vervielfältigung oder sonstige Verarbeitung mit elektronischen Systemen.

Alle Materialangaben und Arbeitsweisen für die abgebildeten Motive wurden sorgfältig geprüft. Eine Garantie oder gar Haftung für eventuell auftretende Schäden können seitens der Autorin oder des Verlages nicht übernommen werden.

Auflage: 8. 7. 6. 5. 4. 3. 2. 1.   Rechte Zahl ist maßgebend.
Jahr: 2005 2004 2003 2002

Material & Werkzeug

 transparentes Nähgarn

 Sprühfarbe, Klarlack zum Sprühen

 weicher Bleistift

 Heißklebepistole

 Uhu-Kraft & Klebestift

 Cutter (z.B. Martor Cuttograf)

 Acryl-Lineal mit Metallkante

- Leichtstoffplatte
- Cuttermatte
- Schneider-Kopierpapier / Transparentpapier
- Kugelschreiber
- wasserfeste Filzstifte
- Acrylfarbe zum Bemalen
- Struktur-Schnee

 feines Schmirgelpapier

 Prickelnadel

 transparentes beidseitiges Klebeband

 Radiergummi

So wird's gemacht!

Übertragen der Motive

Zum Übertragen eignet sich am besten Schneider-Kopierpapier, wie man es auch zum Nähen benutzt (83 x 57 cm). Damit können selbst supergroße Motive auf die Leichtstoffplatte übertragen werden. Um die Leichtstoffplatte optimal auszunutzen, sollte das Motiv so angelegt werden, dass man möglichst wenig „Verschnitt" hat. Zum Fixieren den Kopierpapierbogen auf die Platte legen. Darüber kommt der Vorlagenbogen. Die beiden Bögen mit Heftzwecken auf der Platte befestigen, damit sie nicht verrutschen können. Nun mit einem Kugelschreiber das Motiv nachzeichnen.

Tipp: Sollen Motive beidseitig bemalt werden, schneidet man nach dem ersten Aufmalen das Motiv aus, überträgt es mit einem weichen Bleistift vom Vorlagenbogen auf Architektenpapier, dreht es seitenverkehrt und zeichnet die linke Seite auf.

Schneidetechnik

Um ein Gefühl für das Material zu bekommen, ist es empfehlenswert mit einem leichten Motiv zu beginnen. Gelingt das, kann man die Möglichkeiten, die die Leichtstoffplatte bietet, Schritt für Schritt weiter erkunden. Wir haben für alle Motive einen Schwierigkeitsgrad angegeben (✫ = leicht, ✫✫ = mittel, ✫✫✫ = schwer).

Als Unterlage hat sich eine spezielle Cuttermatte bewährt. So haben Sie immer eine glatte Schneidfläche und die Messer werden nicht so schnell stumpf. Die Leichtstoffplatte selbst schneiden Sie mit einem Cutter, feine Ausschnitte z.B. mit dem spitzen Martor-Cuttograf aus. Der Cutter soll gut in der Hand liegen und die Klingenführung exakt sein. Die Klinge sollte auf keinen Fall hin- und herwackeln. Jeder weitere Klingenabschnitt sollte automatisch einrasten. Die Klinge muss wirklich scharf sein, damit Sie einen glatten Schnitt bekommen.

Schneiden Sie die Motive zuerst mit Rand aus der Platte heraus. Dann bleibt zur Bearbeitung eine kleinere, handlichere Fläche. Gerade Linien mit dem Cutter ausschneiden. Gute Hilfe leistet hier ein Acryl-Lineal mit Metallkante. Die Schneidrichtung ist wie beim Tonkartonbild, also immer vom Motiv weg. So schneidet man nicht in das Bild hinein.

Durch die scharfen Schneidmesser besteht Verletzungsgefahr. Sie gehören auf keinen Fall in Kinderhände. Den kleinen Helfern können Sie die ausgeschnittenen Motive bedenkenlos zum Bemalen und Bekleben überlassen.

Bevor Sie die geschnittenen Stücke herausdrücken, drehen Sie die Platte erst einmal herum und schauen, ob eventuell in den Eckansätzen von der linken Seite nachgeschnitten werden muss. Anschließend von der linken Seite vorsichtig die Stücke herausdrücken. So merken Sie rechtzeitig, ob beim Schneiden etwas vergessen wurde. Beim Drücken darf die

Platte nicht einreißen. Gerade Schnitte sind unkompliziert. Runde und halbrunde Motive erfordern etwas mehr Übung. Große Kreise und Halbkreise können in einem Schnitt mit dem Cuttograf ausgeschnitten werden. Den Cuttograf dabei wie einen Stift beim Schreiben halten.

Bei kleinen Halbkreisen schneiden Sie erst mit dem Cuttograf oben und unten in einem leichten Winkel am Kreis entlang. Nun die Klinge des Cuttermessers weit herausdrücken und am Kreis entlangschneiden. Eventuelle Unebenheiten mit feinem Schmirgelpapier ausgleichen.

Bitte beachten Sie auch die Schneidzeichenerklärung auf dem Vorlagenbogen.

Gestalten der Motive

Die Leichtstoffplatte können Sie farblich gestalten durch Bemalen, Bekleben (z. B. Sprühkleber, Heißklebepistole, Klebestifte, lösungsmittelfreie sowie -haltige Klebstoffe), Bestempeln, Besprühen oder durch Auftragen von Farbe mit einer Schaumstoffrolle oder einem Pinsel. Zum Bemalen eignet sich eine Acrylfarbe. Sie ist farb- und lichtbeständig, gut deckend und in noch feuchtem Zustand wasserlöslich. Die Farbe möglichst gleichmäßig auftragen und Pinselstriche immer in eine Richtung ausführen.

Verwendet man wasserlösliche Farben, kann sich die Platte eventuell durchbiegen. Sie glättet sich wieder, wenn die Rückseite angestrichen wird. Bei Wandbildern, die nur einseitig koloriert werden, die andere Seite ein paarmal mit Wasser besprühen. Bei Verwendung von lösungsmittelhaltigen Farben wölbt sich die Platte nicht.

Besonders unempfindlich und schön werden die Motive, wenn sie lackiert werden. Dafür Klarlack über das bemalte und trockene Motiv sprühen. Um „Nasen" zu verhindern, sollte das staubfreie Motiv flach ausgelegt und dann aus angegebener Entfernung besprüht werden. Nach dem Trocknen des Lackes zeichnen Sie zuletzt die schwarzen Konturen mit einem wasserfesten Filzstift nach. Erst wenn beide Seiten koloriert sind, weitere Details laut Abbildungen anbringen.

Verschönern Sie Ihr Bild am Schluss mit Schleifen, Blüten, Holzstreuteilen, Miniaturen, Papieren oder Moosgummi.

Befestigung
Tipp: Um den Mittelpunkt zum Aufhängen eines Motivs zu finden, nehmen Sie das fertige Bild zwischen Daumen und Zeigefinger und lassen es einpendeln. Für den Faden einen Schlitz einschneiden, so besteht noch die Möglichkeit für leichte Korrekturen.

Kleinere Motive können auch prima mit einem Holzstab (z. B. Schaschlikspieß) als Steckfigur gefertigt werden. Hierfür den spitzen Holzstab einfach in den Schaumstoffkern stecken.

„Herzlich Willkommen"

Schwierigkeitsgrad ✧

Größe
ca. Höhe 47 cm, Breite 32 cm

Material
Leichtstoffplatte, 50 x 35 cm
blaue Sprühfarbe
2 m Buchsbaumranke
Perlenrispenranke
Holzstreu-Weintrauben
grünes Band, 2 m lang, 3 mm breit
blaues Band, 0,7 m lang, 6 mm breit
grünes Band, 0,7 m lang, 2,5 mm breit
schwarzer, wasserfester Filzstift, fein

Zunächst die Platte mit blauer Farbe besprühen und trocknen lassen. Aus der Perlenrispenranke zwei Kränze mit einem Durchmesser von ca. 9 cm legen und diese mit Buchsbaum umwickeln. In die Mitte mit Satinband eine kleine Traube hängen.

Mit der Prickelnadel die vorgegebenen Löcher in den Fensterrahmen stechen. Hängen Sie nun die zwei Kränze und vier Trauben auf. Doppelschleifen legen und diese mit der Heißklebepistole aufkleben.

Übertragen Sie den Schriftzug „Herzlich Willkommen" mit Schneider-Kopierpapier und zeichnen diesen mit einem wasserfesten Filzstift nach. Nun das ovale Schild ausschneiden und mit einem Abstandshalter (Nr. 3) auf den mittleren Holm kleben.

Tipp:
Den Schriftzug können Sie
auch am PC erstellen.

Filtertüten-Ständer

Schwierigkeitsgrad ✫✫

Material
Leichtstoffplatte, 50 x 35 cm
blaue Sprühfarbe
weiße Wellpappe
Holztasse und Milchflasche als Miniaturen
Kaffeebohnen
Spiegelklebeband

Vor dem Ausschneiden zunächst die Platte blau besprühen, eventuell klar lackieren und gut trocknen lassen. (Beachten Sie auch die Grundanleitung.)

Das Motiv laut Vorlage ausschneiden. Knicken Sie die Filtertüten-Halterung so, dass Punkt A und B zusammenkommen, dann den Seitenstreifen C verkleben. Nun die Filtertüten-Halterung und die Dekoteile auf der Grundplatte fixieren.

Aus der weißen Wellpappe die Blume ausschneiden und mittig auf den Halter kleben. Eine hübsche Ergänzung sind die Teelichthalter. Hierfür Blüten aus der weißen und blau besprühten Platte ausschneiden und mit kleinen Glas-Teelicht-Haltern bekleben. Mit Spiegelklebeband können Sie die Halterung direkt an Ihrer Küchenfliesenwand befestigen.

Servietten-Ständer

Schwierigkeitsgrad ✡✡✡

Material
Leichtstoffplatte, 50 x 35 cm
blaue Sprühfarbe
2 Holzstecker-Gänse
2 Holzblüten
10 cm Rosenranke
Servietten

Alle Teile laut Vorlage ausschneiden. Schneiden Sie eine Fuge (C), um dem Zaun mehr Halt zu geben. Diesen einkleben und schließlich mit Holzgänsen, Rosenranke und Holzblüten dekorieren.

Für einige Serviettenhalter benötigen Sie eine blau besprühte Platte. Ebenso wie bei den Teelicht-Haltern (Seite 8) Blüten ausschneiden. Zusätzlich ein Loch für die Serviette heraustrennen.

Dieses Motiv ist besonders
in Verbindung mit dem Butzenfenster (S. 12)
eine hübsche Dekoration.

Butzenfenster „Gänseliesel"

Schwierigkeitsgrad ✫

Hauptmotivgröße
ca. Höhe 37 cm, Breite 26 cm

Material
Leichtstoffplatte, 50 x 35 cm
blaue Sprühfarbe
weißer Zaun, ca. 25 cm lang
3 Holzstreugänse, Gänseliesel, Bottich
Küchenholzteile, Holzstreukäfer, Holzstreublüte
blau/weißes Karoband, 0,5 m lang, 2,5 cm breit
blau/weißes Karoband, 0,5 m lang, 4 cm breit
blaues Band, 0,4 m lang, 2,5 cm breit
weißes Band, 0,3 m lang, 6 mm breit
blaues Band, 0,5 m lang, 3 mm breit

Zunächst die Leichtstoffplatte laut Anleitung von Seite 4 farbig gestalten. Schneiden Sie das Butzenfenster nach Vorlage mit dem Cutter und die Innenschnitte mit dem Cuttograf aus.

Die Küchenholzteile an das 3 mm breite blaue Band fädeln und die beiden Bänder jeweils an der Rückseite der beiden oberen Fenster befestigen. Als Gardine kleben Sie das 2,5 cm breite Karoband hinter alle Fenster. Den Zaun, die Gänseliesel und weitere Accessoires mit der Heißklebepistole laut Abbildung auf das Butzenfenster kleben.

Dieses Motiv ist zum Verschönern Ihrer Küche oder zum Verschenken geeignet.

Seebär

Schwierigkeitsgrad ✰✰

Größe
ca. Höhe 38 cm, Breite 50 cm

Material
Leichtstoffplatte, 50 x 70 cm
Acrylfarbe: ultramarin, hellbraun, schwarz, maigrün, weiß
Fotokarton mit Sandmotiv
3-D-Wellpappe: blau, grün, gelb, rot
rotes Satinband, 1 m lang, 3 mm breit
roter Pompon
Dekorationsteile: 2 Boote, 2 Möwen, Holzstreu-Fische, Muscheln
schwarzer, wasserfester Filzstift

Scheiden Sie den Seebär und die Dünen aus und bekleben beidseitig drei Dünen mit dem Sandmotiv-Fotokarton, sowie eine mit blauer 3-D-Wellpappe. Vorder- und Rückseite vom Bären und Drachen werden nun bemalt, das Satinband fixiert und die Schleifen aus 3-D-Wellpappe an der Drachenschnur festgeklebt. Wenn alle Teile fertig bemalt und beklebt sind, legen Sie diese laut Abbildung übereinander und fixieren sie mit der Heißklebepistole. Abschließend werden Leuchtturm, Boote, Muscheln und Holzstreuteile dekoriert.

Die ideale Urlaubsdekoration für Seebären und Landratten.

Friesenschrank

Schwierigkeitsgrad ✭✭✭

Größe
ca. Höhe 34 cm, Breite 21 cm

Material
Leichtstoffplatte, 25 x 35 cm
Farbe zum Sprühen oder Bemalen in Apricot
3 kleine Tontöpfe, Höhe 2 cm, 2 x 60 cm Buchsbaumranke
10 cm Mini-Efeugirlande; 8 weiße Holzperlen, Ø 10 mm
Miniatur-Holzgeschirr und -Besteck
2 Holzstäbe, 6 cm lang, Ø 4 mm; Islandmoos

Bemalen oder besprühen Sie vor dem Ausschneiden die Platte in Apricot. Wenn diese gut getrocknet ist, werden die Einzelteile ausgeschnitten. Beim Heraustrennen der vielen Dreiecke aus den Fenstern ist ein sorgfältiges Arbeiten erforderlich. Überprüfen Sie auf der Rückseite, ob alle Schnitte bis in die Ecken ausgeführt wurden.

Nach dem Ausschneiden kleben Sie Regalböden, Schubladen und Holzperlen laut Skizze auf. Auf das obere Regalbrett vier Tassen samt Tellern kleben. Das mittlere Brett wird bestückt mit vier Tellern und einem Kännchen. Schließlich auf den unteren Regalboden eine Kaffeekanne sowie einen mit Besteck gefüllten Becher positionieren. Besonders hübsch wirkt der Schrank durch die zusätzlichen Pflänzchen. Für die Bäumchen die beiden Holzstäbe mit Heißkleber in den Töpfchen befestigen und den Kleber mit etwas Moos bedecken.

Aus je 60 cm Buchsbaumranke eine Kugel wickeln und auf die Stäbchen kleben. Den dritten Topf mit dem 10 cm langen Stück einer Mini-Efeugirlande schmücken und auf den letzten Regalsims kleben.

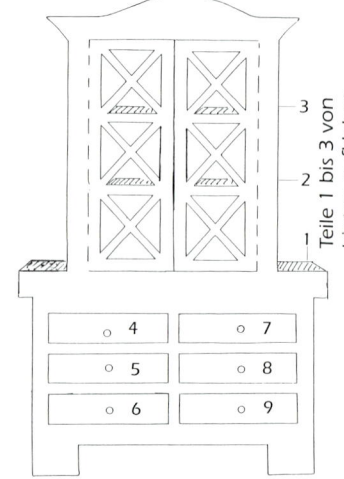

Schubladen 4 bis 9 aufkleben und je eine Holzperle als Griff befestigen.

Dieses Modell ist als Wanddekoration gearbeitet. Falls Sie die Vitrine stellen möchten, werden hinter den Schrankfüßen keilförmige Halter angebracht.

Schneemann

Schwierigkeitsgrad ✧

Größe
ca. Höhe 35 cm, Breite 34 cm

Material
Leichtstoffplatte, 50 x 35 cm
Velourspapier: schwarz, rot, blau, weiß
Reisigbesen, 20 cm
Holzstreu-Schneemänner
Möhre, 5 cm lang
schwarzer, wasserfester Filzstift

Schneiden Sie zunächst die Motive Nr. 1, 2 und 3 aus der Leichtstoffplatte aus und kleben dann die aus Velourspapier ausgeschnittenen Motive Nr. 2, 3, 4, 6, 7, 8, 9 und 10 auf. Die Nase können Sie wahlweise aus Velourspapier schneiden oder eine Wattemöhre aufkleben. Den Mund mit dem schwarzen Filzstift aufmalen.

Nun den Schneemann mittig auf Platte 2 fixieren und Nr. 3 auf den Schneemann. Einige Holzstreu-Schneemänner auf den Schneebergen platzieren. Zuletzt einen Reisigbesen hinter den Schneemann kleben.

Tipp:
Schneiden Sie sich aus weißem Tonkarton verschieden große Kreise (ca. 2,5 cm und 3,5 cm Durchmesser) aus, die Sie mit transparentem beidseitigem Klebeband als Schneeflocken an die Fensterscheibe kleben.

Tannen-Tischdekoration

Schwierigkeitsgrad ✠

Material
Leichtstoffplatte: 50 x 35 cm, 25 x 35 cm
goldenes Glimmerspray

Schneiden Sie sich kleine Pappschablonen von den Tannen. So haben Sie durch exaktes Anlegen die beste Ausnutzung der Leichtstoffplatte und können sicher noch einige kleine Tannen mehr ausschneiden als angegeben.

Nach dem kompletten Ausschneiden stecken Sie jeweils Nr. 1 A + 1 B, 2 A + 2 B sowie 3 A + 3 B zu Tannen zusammen. Um der Tischdekoration ein festliches Aussehen zu verleihen, können die Tannen noch mit Glimmer- oder Schneespray eingesprüht werden.

Die Tannen werden nur zusammengesteckt (nicht geklebt), damit man sie nach dem Gebrauch wieder flach zusammenlegen kann.

Aus dem oben angegebenen Material erhalten Sie ca. drei verschieden große Stecktannen und 12 Serviettenhalter.

Diese edle Tischdekoration
erfreut sicher Ihre ganze Familie.

Sternen-Mobile

Schwierigkeitsgrad ✩

Größe
ca. Höhe 95 cm, Breite 35 cm
(Höhe abhängig von der Fadenlänge)

Material
Leichtstoffplatte, 50 x 35 cm
goldenes Glimmerspray

Fertigen Sie sich von den drei Sternen durch Übertragen mit Kopierpapier auf neutralen Karton kleine Pappschablonen. So haben Sie durch exaktes Anlegen auf der Leichtstoffplatte die beste Ausnutzung des Materials.

Für Stern Nr. 1 und 2 benötigen Sie je zwei Sterne, sodass Sie den Doppelstern Nr. 1 einmal und den Doppelstern Nr. 2 zweimal fertigen können. Den einfachen Stern Nr. 3 sechsmal zuschneiden.

Nach dem Ausschneiden bei Stern Nr. 1 und 2 jeweils die beiden Sterne mit der Schlitzseite zusammenstecken. Ganz wichtig ist, dass der Innenschnitt im Stern ganz exakt ist, damit das Zusammenstecken ohne Kleben funktioniert! So hat man nach dem Fest die Möglichkeit die Sterne flach und platzsparend fürs nächste Jahr wegzulegen.

Nun den fertigen Stern Nr. 1 aufhängen, dann die zwei Sterne Nr. 2 befestigen und schließlich die sechs Sterne Nr. 3. Zum Befestigen eignet sich hervorragend transparentes Nähgarn. Um dem Mobile ein noch festlicheres Anlitz zu verleihen, können Sie die Sterne mit Glimmerspray besprühen.

Adventskalender Mond

Schwierigkeitsgrad ✧

Größe
ca. Höhe 44 cm, Breite 45 cm

Material
Leichtstoffplatte, 50 x 70 cm
Sprühfarbe: gelb, blau
schwarzer, wasserfester Filzstift
Velourspapier: grün, rot, weiß, schwarz
3 Holzdübel, 12 Goldsterne, Goldkordel
irisierendes Glimmerspray, dicker Lackstift

Für diesen Adventskalender zunächst verschiedene Plattenstücke kolorieren. Um den Platzbedarf für die entsprechenden Farben zu ermitteln, die Einzelmotive leicht mit Bleistift auf die weiße Platte übertragen. Nun die Platte zerteilen und je Motivteil mit blauer, gelber, oder roter Farbe besprühen. Nach dem Trocknen Wolke, Mond, drei gelbe und einen roten Stern ausschneiden. Mütze, Auge und Bäckchen werden aus Velourspapier geschnitten.

Fertigen Sie sich kleine Pappschablonen von den Motiv-Nummern 6, 7, 8 und 9 an und zeichnen auf der Rückseite des Velourspapiers den Umriss auf. Bei der Mütze beachten, dass sie nicht seitenverkehrt ausgeschnitten wird. Nun mit einem Klebestift die Velourteile auf den Mond kleben. Als Abstandshalter für eine bessere Befestigungsmöglichkeit der Holzdübel dreimal Motivteil Nr. 11 auf die Wolke kleben. Schließlich die gelben Sterne darauf positionieren. Mit Hilfe einer spitzen Schere nun je ein Loch durch Stern, Abstandshalter und Wolke bohren. Die Schere dabei mehrmals drehen. Schließlich einen Kugelschreiber durch die Löcher führen und diesen für einen sauberen Lochrand ebenfalls mehrmals drehen. Nun die Holzdübel mit einer Heißklebepistole oder UHU-Kraft einkleben. Mund und Nasenfalte mit einem dicken Lackstift aufmalen.

Zuletzt lassen Sie das fertige Modell zwischen zwei Fingern einpendeln, schneiden dann an der entsprechenden Stelle einen Schlitz zum Aufhängen und kleben zur Verstärkung auch hier noch einmal Motiv Nr. 11 auf die rückwärtige Seite. Den Kalender mit kleinen Holzfiguren, Klebesternen und Glimmerspray schmücken sowie die 24 kleinen Päckchen an die Haken hängen.

Dieser stabile Adventskalender wird Sie über viele Jahre in der Vorweihnachtszeit begleiten.

Weihnachtswichtel

Schwierigkeitsgrad ✫

Größe
ca. Höhe 38 cm, Breite 43 cm

Material
Leichtstoffplatte, 50 x 70 cm
Acryfarbe: rot, schwarz
schwarzer, wasserfester Filzstift
Watte, 2 rote Pompons, Ø 15 mm
weißes Moonrockpapier
Struktur-Schnee, kleiner Spachtel
irisierender Glitter, Goldsterne
rotes Satinband, 3 mm breit
6 Holzstreu- Päckchen
roter Buntstift

Übertragen Sie die Motive Nr. 1 bis 7 und 9 je einmal, Nr. 8, 10 und 12 je zweimal sowie Nr. 11 viermal mit Schneider-Kopierpapier auf die Leichtstoffplatte. Alle Teile des Motivs in der benötigten Anzahl ausschneiden. Den Wichtel von beiden Seiten bemalen und zusammenkleben. Aus Moonrockpapier Hutkrempe, Bommel und Armsäume für Vor- und Rückseite ausschneiden. Als Nasen dienen die roten Pompons. Nun aus Watte die Bärte zupfen und aufkleben. Die Konturen mit einem wasserfesten Filzstift nachfahren und das Gesicht aufmalen. Mit einem Buntstift rote Bäckchen andeuten.

Nun die Schneeberge laut Vorlagenbogen übereinander kleben und die Tannen auf der linken und rechten Seite anbringen. Positionieren Sie den Wichtel in die Mitte des Schneeberges und tragen den Struktur-Schnee mit einem kleinen Spachtel auf, eventuell etwas Glimmer einstreuen. Nach dem Trocknen die Sterne und Holzstreupäckchen aufkleben.

Tipp:
Diesen Wichtel können Sie auch als Adventskalender gestalten. Hierfür 24 kleine Päckchen packen und mit Goldkordel und Stecknadeln am Schneefeld befestigen.

Weihnachts-Krippe

Schwierigkeitsgrad ✩✩✩

Größe
ca. Höhe 24 cm, Breite 47 cm, Tiefe 35 cm

Material
2 Leichtstoffplatten, 50 x 70 cm
3 Goldsterne, Wiesenheu, Stroh, Schneespray

Für Motiv Nr. 13, 15, 16, 17, 18 und 19 kleine Pappschablonen anfertigen. Stecken Sie vorsichtig mit Stecknadeln das komplette Motiv laut Skizze zusammen, um zu sehen, ob alle Teile exakt geschnitten sind und zusammenpassen.

Wenn das der Fall ist, die Wände, den Boden und das Dach zusammenkleben. Die Zäune ebenfalls zusammenkleben und auf der Bodenplatte befestigen. Nun einige Tannenbäume platzieren und das Ganze mit Schneespray besprühen. Das Dach mit Strohhalmen bekleben und etwas Wiesenheu in den Innenstall legen. Zum Schluss den Stern mit Schweif am Dachgiebel anbringen und diesen mit einem Goldstern schmücken. Zwei Baumspitzen ebenfalls mit Goldsternen versehen.

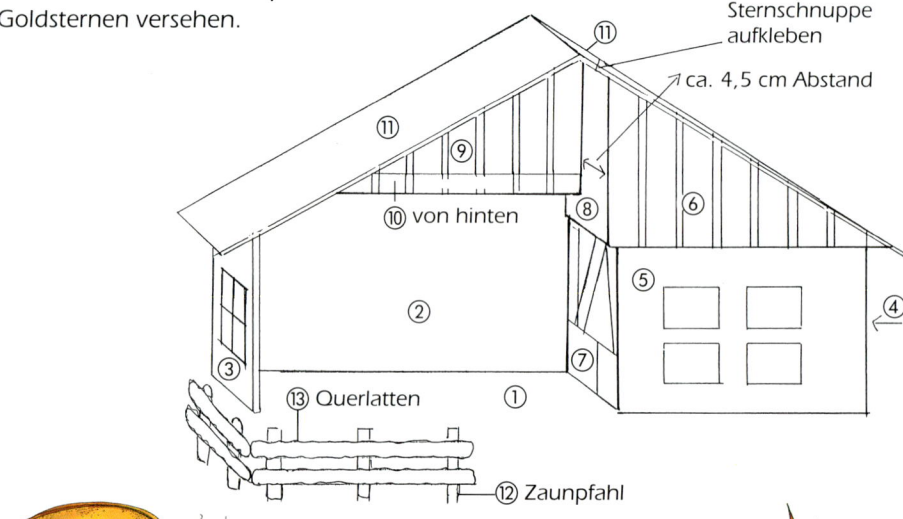

Tipp:
Mit einer Heißklebepistole erzielen Sie eine höhere Stabilität.

Winterliche Dorflandschaft

Schwierigkeitsgrad ✫✫✫

Größe
ca. Höhe 28 cm, Breite 63 cm

Material
Leichtstoffplatte, 50 x 35 cm, Motivlocher „Eiskristall"
weißes Papier; Filzstifte: schwarz, rot; goldener Metallstern

Übertragen Sie die Motive Nr. 1 bis 7 und 11 des Vorlagenbogen auf die Leichtstoffplatte. Für die Motive Nr. 8, 9 und 10 fertigen Sie sich bitte kleine Schablonen aus Pappe. Durch genaues Anlegen der Pappschablonen auf die Platte haben Sie die Möglichkeit noch mehr Motive herauszuschneiden als Sie für die Landschaft auf dem Beispiel-Foto benötigen. Nach dem Ausschneiden aller Motive zunächst die Schneeberge teilweise auch übereinander auf die Unterkante der Häuserreihe kleben und darauf die Tannen und Schneemänner.

Um dem Motiv eine winterliche Atmosphäre zu geben, die Dorflandschaft mit etwas Schnee- und Glimmerspray übersprühen. Einige Eiskristalle aus weißem Papier ausstanzen und aufkleben. Schließlich den Schneemännern Hüte sowie Gesichter und Knöpfe aufmalen.

Dieses Bild können Sie auch zum Hinstellen (mit Stütze Nr. 11) als Tischschmuck oder Dekoration für die Fensterbank verwenden.

Tipp:
Bekleben Sie die Fenster und Türen auf der Rückseite mit verschiedenfarbigem Transparentpapier. Legen Sie eine kleine Lichterkette hinter das Motiv und fertig ist ein hübscher Raumschmuck für die Vorweihnachtszeit.